**＊감수인**

이 책은 인류가 발달하는 과정과 세계의 운동 전체를 거시적이고 넓은 시각에서 체계적으로 보여주고 있다. 서로 다르고 복잡해 보이는 사건들이 하나의 맥락을 갖고 연결되어 있다는 사실과 의미를 이야기 형식으로 서술하여 쉽게 파악할 수 있다. 학습효과를 위하여 단계적으로 이해해가는 형식을 취했고, 단원마다 요점들을 정리하여 서술하였다. 또한, 사실을 확신시키고 흥미를 높이기 위해 다양한 자료들, 현장 사진들, 삽화, 그리고 극화까지 활용하였다. 세계문화의 백과사전 같은 가치를 지녀서 성인들이 학습하기에도 손색이 없다. 청소년들이 머지않아 현재로서 맞이할 미래를 위해 이 책이 의미 있는 길잡이가 되길 바란다.

윤명철 ( 동국대학교 교수. 역사학자)

**＊일러두기**

• 맞춤법과 띄어쓰기는 국립국어원에서 펴낸 〈표준국어대사전〉을 기준으로 삼았습니다. 다만, 역사 용어의 표기와 띄어쓰기는 교육과학기술부에서 펴낸 〈교과서 편수 자료〉와 중학교 국사 교과서를 따랐습니다.
• 외국 인명과 지명은 〈외국어 표기 용례집〉을 따랐습니다.
• 〈세계사 이야기〉의 내용이나 체재는 2011년에 새로 나온 초등학교 교과서를 기본으로 하여 편집하였습니다. 맞춤법이나 표기도 최종적으로는 초등학교 교과서에 맞추었습니다.

크리스트교도들의 비밀 지하 무덤인 카타콤

우리 땅 넓은 땅
**세계사 이야기** 9

# 네로와 크리스트교의 박해

펴 낸 이 : 이재홍
펴 낸 곳 : 도서출판 세종
등록번호 : 제18-79호
대표전화 : 02)851-6149, 866-2003
F A X : 02)856-1400
주　　소 : 경기도 광명시 가학동 786-4호
공 급 처 : 한국가우스 ｜ 등록번호 제18-147호
고객상담전화 : 080-320-2003
웹사이트 : WWW.koreagauss.com

※ 잘못 만들어진 책은 교환해 드립니다.

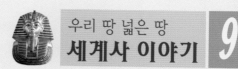

우리 땅 넓은 땅
**세계사 이야기** 9

# 네로와 크리스트교의 박해

글 **한국역사교육연구회** ■ 추천 **파랑새 열린학교 · 한국역사사관학교**
감수 **윤명철** (동국대학교 교수 · 역사학자)

 **한국가우스**

# 역사를 올바로 보는 눈

세계의 역사는 우리 인류가 걸어온 발자취입니다.

어제 일어난 여러 사실들은 역사가의 평가와 시각에 의하여 역사적 사실로 재발견되고, 그 의미가 새롭게 밝혀져 역사로 기록됩니다.

이것을 통하여 오늘의 우리는 어제의 역사와 만나게 되고 우리가 살지 않았던 어제를 생생하게 체험하며, 그 올바른 의미를 물려받게 됩니다.

역사는 오늘의 삶을 비추어 주는 거울이며 내일을 바라볼 수 있는 창이기도 합니다.

때문에, 역사 서술은 치우침이 없고 엄격해야 합니다.

우리는 그러한 역사를 공부함으로써 우리 자신과 오늘의 현실을 객관적으로 바라보고, 또 비판할 수 있는 힘을 기르게 됩니다. 역사를 배우는 중요한 목표는 자신을 스스로 깨닫게 하는 데에 있다고 합니다.

한편, 역사는 단순한 어제가 아니라 살아 있는 어제여야 한다고 말합니다. 이것은, 역사가 단순히 어제의 사실을 알려 주는 것만이 아니고 오늘의 우리에게 교훈이 되고, 오늘의 문제를 해결할 수 있는 슬기가 되어야 한다는 뜻을 담고 있습니다.

이는 곧 우리가 왜 역사를 배워야 하는지를 말하는 것이기도 합니다. 한국인으로서의 정체성과 함께 다른 문화와 국가에 대한 이해가 있어야만 이 지구촌의 시대를 살아갈 수 있기 때문에 특히 세계사는 중요합니다.

한국인으로서 정체성은 한국사뿐만 아니라 세계사를 함께 배울 때 온전히 형성될 수 있습니다.

우리 어린이는 이러한 역사 인식으로 세계사를 사랑할 뿐 아니라, 인류의 번영, 그리고 새로운 세계의 건설에 이바지하는 '올바른 역사관'을 가진 세계인이 되도록 힘써야 할 것입니다.

한국역사교육연구회

콘스탄티누스 개선문

# 우리 땅 넓은 땅

세계사 이야기

# 9

# 차 례

# 1 황후가 데려온 아들

옥타비아누스는 공화정의 형식을 존중하면서 실권을 장악하였습니다.

스스로 제1의 시민, 즉 프린켑스라고 자처한 옥타비아누스는 원수정의 통치 체제를 통해 황제와 다름없는 권력을 독점하는 등 로마 제정 시대를 열었지만, 이러한 정치적 실권을 잡고 있는 그에게도 후계자 문제라는 고민이 있었습니다.

그리하여 결국 그는 첫번째 아내였던 리비아의 의붓아들 티베리우스를 양자로 들여 후계자로 삼았습니다.

아우구스투스 개선문의 부조

# 절대 권력을 누린 옥타비아누스

**＊로마 공화정**
기원전 510년경 성립된, 고대 로마의 전반기의 공화국 시대이다. 1, 2차 삼두 정치를 거쳐, 아우구스투스가 프린키파투스(원수정)를 베풀어 제정이 시작되었다.

아우구스투스가 된 옥타비아누스는 참으로 보기 드문 행운아였습니다. 뜻밖에 카이사르의 막대한 재산 상속인이 된 것도 그렇고, 로마 정치계에 발을 들여 삼두 정치를 이끌다가 유일하게 살아남은 것도 그렇고, 또 왕이나 다름없이 아우구스투스로 떠받들어진 것도 그렇습니다.

아우구스투스는 모든 로마 시민들에게 로마의 평화와 번영, 그리고 자유를 위해 기꺼이 목숨을 바치겠노라고 맹세했습니다. 그리고 로마의 공화정＊을 보호하겠다고 약속했습니다.

아우구스투스는 약속한 대로 왕이나 황제 노릇을 하지 않았습니다. 그리하여 겉으로 보기에는 공화정이 그대로

나에게 친아들이 있으면 좋으련만…. 사위를 후계자로 삼는 수밖에 없구나.

악티움 해전 중의 군함

유지되었으나, 그는 경쟁자가 전혀 없는 절대 권력자로서
사실상의 황제였습니다.

　그런 그에게도 문제는 있었습니다.

　'누구를 후계자로 삼아야 할까?'

　이 문제만은 아우구스투스의 머리를 아프게 했습니다.
아무리 생각해도 뾰족한 수가 없었습니다.

　'친자식이라고는 딸 율리아밖에 없으니 어쩜담……'

누비아의 신전에 묘사된 이집트
풍의 아우구스투스

❶ 로마 귀족들이 타고 있는 배
❷ 악티움 해전 중의 로마와 이집
　트
❸ 악티움 해전 중의 클레오파트라
　와 이집트군사

*아우구스투스
  기원전 27년, 옥타비아누스가 로마 원로원으로부터 받은 칭호이다. '존엄한 자'의 뜻으로, 그 후 실질적인 제정이 행하여졌다.

그 딸도 두 번째 부인에게서 얻은 자식이었습니다. 자식복이 없는 아우구스투스*였습니다. 아우구스투스의 본부인인 리비아 또한 처녀로 시집온 여자가 아니었습니다.

클라우디우스 가에 시집가서 살다가 남편과 이혼한 다음, 두 아들을 데리고 아우구스투스와 결혼했던 것입니다.

로마의 기념비군

아우구스투스는 딸 율리아를 마르켈루스와 결혼시킨 뒤에 사위를 후계자로 삼았습니다.

마르켈루스는 자기 누이 옥타비아가 안토니우스와 재혼하기 전에 낳은 아들이었습니다. 그런데 마르켈루스는 결혼한 다음 해에 덜컥 죽고 말았습니다.

아우구스투스는 과부가 된 딸 율리아를 악티움 해전*의 명장인 아그리파와 결혼시켜서 그를 다시 후계자로 정했습니다. 아그리파는 율리아와 3남 2녀를 둘 만큼 사이가 좋았으나, 후계자로 지목된 그도 아우구스투스보다 먼저 세상을 떠났습니다.

'이게 무슨 운명의 장난인가?'

정해 놓은 후계자마다 먼저 죽어 버리니 아우구스투스는 놀라지 않을 수 없었고 무엇보다도 로마 시민들 보기가 민망했습니다.

**＊악티움 해전**
　기원전 31년 그리스의 서북부 악티움 앞바다에서, 옥타비아누스가 안토니우스와 클레오파트라의 연합군을 격파한 해전이다. 옥타비아누스는 승리하여 로마에서 패권을 확립하였고 원수 정치의 길을 열었다.

고대 노르마의 거석

**한 걸음 더!**

## 아그리파

초대 황제 아우구스투스와 청년 시절부터 친구였던 아그리파는 공화정 말기의 내란기에는 군인으로서 내란의 향방을 결정지은 악티움 해전에서 함대를 지휘하여 승리로 이끌었다.

제정기에는 황제에 버금가는 지위를 차지하였고, 아우구스투스의 딸 율리아와 재혼하였다. 황제 대리의 직무를 수행하였으며, 황제의 명으로 세계 지도를 편찬시키고, 그 주해를 직접 집필한 것으로 알려졌다.

예술에 관심이 많은 아우구스투스

아우구스투스의 부인 리비아

## 황제가 된 티베리우스

다음에는 아내 리비아가 데려온 의붓아들 중 큰아들 티베리우스*를 본처와 이혼시키고 율리아와 재혼하게 한 다음에 그를 후계자로 삼았습니다. 그런데 이번에는 딸 율리아가 바람을 피워 말썽을 일으켰습니다.

율리아는 걸핏하면 다른 사내들과 어울렸습니다.

'아, 이 노릇을 어쩐담!'

＊티베리우스
아우구스투스 황제의 황후 리비아가 데려온 아들로, 견실한 통치에 힘썼으나 음모, 암살에 대한 의심으로 카프리 섬에서 은거하는 일이 많았다.

호호호. 남편이 없으니 간섭할 사람도 없고 정말 홀가분해. 실컷 놀아야지.

아우구스투스의 동상

로마의 시장

17

*게르마니아
고대 유럽의 지명으로, 로마인의 민족 대이동 전의 게르만인의 거주지를 가리킨다. 중부 유럽 동쪽은 비스와 강, 서쪽은 라인 강, 남쪽은 다뉴브 강에 이르는 지역으로, 지금의 독일, 폴란드, 체코슬로바키아에 해당한다.

티베리우스는 율리아와 결혼한 것이 후회스러웠습니다. 그러던 중 동생인 드루수스가 게르마니아*에 갔다가 말에서 떨어져 죽는 사고가 일어났습니다.

어머니가 재혼하면서 같이 데리고 이 형제는 평소에 우애가 좋았습니다. 형 티베리우스는 매우 슬퍼했습니다. 그런데 그보다 더 티베리우스를 슬프게 만든 일이 일어났습니다. 아우구스투스가 율리아와 아그리파 사이에서 태어난 두 아들을 양자로 삼은 것입니다.

'세상만사가 귀찮다!'

그는 실망한 나머지 로도스 섬으로 들어가 버렸습니다.

"헤헤헤, 남편이 내 옆에 없으니……."

율리아는 신이 나서 이 사내 저 사내와 어울렸습니다.

이것을 본 아우구스투스는 딸 율리아를 작은 섬으로 들여보내고 이탈리아 본토에는 들어오지 못하게 막았습니다.

그런 뒤, 아우구스투스는 사위 티베리우스를 불러 함께 나라를 다스렸으며, 서기 14년에 76세로 세상을 떠났습니다. 그리하여 아우구스투스의 후계자는 본처가 데려온 티베리우스가 차지했습니다.

티베리우스 동상

티베리우스 동상

티베리우스 동상

티베리우스 어릴적 어머니와 동생

# 2 시를 읊는 폭군 네로

폭군 네로는 성격이 매우 쾌활했으며 운동과 음악과 시에 재주가 뛰어났습니다.

초기에는 세네카 등의 보좌로 선정을 베풀었으나, 차츰 포악한 성격을 드러내어 어머니와 황후, 세네카를 비롯하여 측근의 유능한 인재를 살해하였습니다.

64년 로마 시 화재의 죄를 크리스트 교인에게 전가하여 대학살을 자행하였습니다. 68년 갈리아에서 반란이 일어나 여러 곳으로 퍼지고 원로원과 군대에게 버림받자 로마에서 달아나 스스로 목숨을 끊었습니다.

폼페이 유적지

# 어머니를 죽인 네로

\*칼리굴라
로마의 제3대 황제이
다. 독재자로서 원로원
에 대립하여 자신의 신
격화를 요구하다가 나중
에 암살되었다.

아우구스투스의 후계자 티베리우스는 정치도 잘하고 장군으로서도 부족함이 없었습니다.

그렇지만 성품이 너그럽지 못하고 옹졸했습니다. 더욱이 신경질을 잘 부렸습니다. 그래도 그는 원로원과 다투지 않고 무난하게 정치를 해 나갔습니다.

그의 뒤를 칼리굴라\* 황제가 이었습니다.

칼리굴라는 티베리우스의 동생 드루수스의 아들인 지르마니쿠스와, 율리아와 아그리파 사이에서 태어난 딸 아그리피나 사이에서 태어난 자식이었습니다.

칼리굴라 황제의 개선문

로마의 화폐

칼리굴라는 황제가 되어 세금을 줄이는 등 시민들에게 환영받는 정치를 하였습니다.

그러나 칼리굴라는 큰 병을 앓은 후 이상해졌습니다.

"나는 살아 있는 신이다!"

하고 떠들며, 사람을 마구 죽였습니다.

이를 보다 못한 친위대 장교가 칼리굴라는 물론 그의 가족을 몽땅 죽였습니다.

황제를 죽인 근위대는 칼리굴라의 숙부 클라우디우스*를 황제로 추대했습니다.

*클라우디우스
로마의 황제로, 브리타니아, 트라키아 등을 속주로 하고, 식민 도시, 자치 도시를 건설했다. 네로의 즉위를 간절히 바란 황후 아그리피나에게 암살되었다.

칼리굴라 황제의 상

칼리굴라의 유골

*소아그리피나
게르마니쿠스와 대아 그리피나의 딸로, 아그리피나라고도 한다. 명문 귀족인 아헤노바르부스와 결혼하여 후에 네로 황제를 낳았다.
49년 숙부인 황제 클라우디우스와 재혼하고, 아들 네로를 그의 양자로 삼았으며, 50년에 아우구스스타의 칭호를 받았다. 54년 남편 클라우디우스를 독살하고 네로를 황제로 삼았으나, 즉위 후에 네로와 대립하게 되었다. 59년 네로의 명을 받은 노예에게 살해되었다.

황제 자리에 앉은 클라우디우스 또한 원로원을 무시하고 자신의 해방 노예를 중심으로 정치를 펴나가다가, 전 황제의 여동생 소아그리피나*에게 암살당하고 말았습니다.

클라우디우스의 조각상

 골든벨 상식

폭군 네로

네로 황제는 역사상 중국의 걸, 주와 함께 폭군으로 유명하다. 처음에는 철학자 세네카 등의 도움을 받아 해방 노예의 중용, 감세, 매관 폐습의 시정 등 훌륭한 정치를 하였다.

그러나 뒤에 점점 잔인한 성격을 나타내어 황후와 어머니를 죽였다.

64년에 로마 경기장 일대에서 화재가 일어나 시내 대부분이 소실되자, 시민들은 네로가 방화한 것이라 하여 불온한 기미를 보였다. 그러자 네로는 그 책임을 크리스트교도들에게 뒤집어씌워 대학살을 감행하였다.

68년, 갈리아에서 반란이 일어나 여러 곳으로 퍼지고 원로원과 군대에게조차 버림받자 로마에서 달아나 자살하였다.

소아그리피나는 후비(황비 다음에 들어온 황후)이며 야망이 매우 큰 여자로서 전 남편 사이에 낳은 아들이 있었습니다. 그가 바로 '네로'*입니다.

폭군 네로 황제

네로는 건강하고 성격이 매우 쾌활했으며 운동과 음악과 시에 재주가 뛰어났습니다.

'머리 좋고 건강한 내 아들 네로를 황제로 삼아야지!'

소아그리피나는 네로를 장차 황제로 만들어야겠다는 생각을 늘 마음속에 품었습니다.

그러나 클라우디우스는 전 황비에게 낳은 아들 브리타니쿠스를 이미 후계자로 정해 놓은 터였습니다.

네로의 황금 궁전 유적

＊에피쿠로스와 스토아 학파

*에피쿠로스와 스토아 학파

에피쿠로스는 쾌락설을 주장하였는데, 여기서의 쾌락은 육체적 쾌락이 아닌 정신적 쾌락, 즉 마음의 행복이었다.

스토아 학파는 금욕주의를 주장하였고, 자연법에 의한 세계 국가를 세워 이성을 가진 모든 사람은 시민이 될 수 있다는 평등사상과 세계 시민주의를 주장하였다.

소아그리피나는 늙은 황제 클라우디우스를 꾀어 브리타니쿠스를 쫓아내고 자기가 데려온 아들 네로를 후계자로 바꾸었습니다. 그런 다음 소아그리피나는 황제를 암살하려고 독버섯을 몰래 음식에 넣어 먹이려다가 실패했습니다.

그러다 황제가 병에 걸리자, 소아그리피나는 의사와 짜고 독살해 버렸습니다.

클라우디우스가 암살당하자 소아그리피나는 기다렸다는 듯이 네로를 황제의 자리에 앉혔는데, 이때 네로의 나이는 겨우 17세이었습니다.

소아그리피나는 어린 황제 아들 뒤에서 정치를 마음대로 주물렀습니다.

### 한 걸음 더!

**프랑스 극작가 라신의 운문 비극인 <브리타니쿠스>의 줄거리**

권세욕이 강한 여인 아그리피나는 선제의 아들인 브리타니쿠스가 당연히 제위에 올라야 하는데도, 간계를 써서 자기 아들인 네로를 황제의 자리에 앉혔다.

그러나 네로가 말을 잘 듣지 않자, 이번에는 브리타니쿠스와 그의 애인인 주니를 도와서 네로를 견제하려고 하였다.

브리타니쿠스는 정통적인 제위 계승자였고, 주니는 왕조 창시자의 증손녀이므로, 그들의 결혼은 네로에게는 큰 타격이었다.

주니를 보는 순간 사랑에 빠진 네로는 그녀의 환심을 사기 위해 타고난 잔인함을 발휘하면서 온갖 수단을 쓰지만, 브리타니쿠스와의 사랑은 무너뜨리지 못하였다.

결국 네로는 어머니 아그리피나를 체포하여 감시하게 하고 간신 나르키스의 말대로 브리타니쿠스를 독살하였다.

주니는 무당이 되어 떠나고, 아그리피나도 자기 앞날을 예견하며 슬퍼하였다.

네로 황제는 어머니의 간섭에서 벗어나려고 세네카*와 부루스의 힘을 빌려 독립하려고 발버둥쳤습니다.

세네카는 스토아 학파의 철학자로서 네로의 어린 시절 가정 교사였습니다.

부루스는 소아그리피나의 추천으로 근위 대장이 된 사람이었지만, 황제의 권위가 여자의 손에 의해 이리저리 흔들리는 것에 불만을 품고 있었습니다.

＊세네카
로마의 철학자이며 극작가이다. 네로의 스승이 되었지만, 후에 반역의 혐의를 받고 자결했다. 저서로는 〈메디아〉, 〈아가멤논〉 등이 있다.

소아그리피나의 어머니인 대아그리피나의 상

아들 네로가 자기의 뜻에 따르지 않고 독립하려고 하자, 소아그리피나는 화가 났습니다. 그래서 아주 몹쓸 말을 해대며 네로를 윽박질렀습니다.

"이놈아, 네가 누구 때문에 황제가 되었느냐? 내 말을 안 들으면 이번에는 너를 몰아내고 브리타니쿠스를 들여앉힐 테다!"

실로 어머니로서는 하기 힘든 말을 소아그리피나는 네로에게 거침없이 해댔습니다.

소아그리피나의 조각상

이런 큰 잔치에 로마 제일의 무희인 내가 빠질 수야 없지.

네로 은 동전

네로 황제 시대의 로마성

네로 황제가 로마병사와 공연하는 장면

네로 동상

　소아그리피나는 펄펄 뛰며 악담을 하였습니다. 그러자 네로는 잔치를 열어 브리타니쿠스를 독살해 버렸습니다. 더 이상 어머니를 존경할 수가 없었습니다.

　59년, 네로는 어머니를 별장으로 초대하여 뱃놀이를 즐기게 하였습니다. 뱃사공은 이미 네로에게 배를 가라앉혀 어머니를 물에 빠져 죽게 하라는 지시를 받았습니다.

어머니가 자식인 자신조차 유혹하려고 하자, 네로는 더는 참지 못하고 어머니를 죽이려고 했던 것입니다.

뱃사공은 네로 황제의 명령대로 배를 가라앉혔습니다. 하지만 마침 지나가던 고깃배가 소아그리피나를 건져내어 그녀는 운 좋게 살아났습니다.

로마의 마메르티노 감옥의 내부

이 소식을 들은 네로는 자객을 별장으로 보내어 어머니를 암살하라고 지시했습니다. 소아그리피나는 결국 황제 자리에 올려놓은 아들에게 암살당하고 말았습니다.

초기 공화정 시대의 건축물인 유피테르 문

어머니를 죽인 네로 황제는 아무런 죄책감도 없이 다음과 같이 발표하였습니다.

"시시때때로 황제의 목숨을 노리던 소아그리피나를 살해했다."

시민들 역시 네로 황제의 발표를 조금도 의심하지 않았습니다. 소아그리피나가 악마와 같은 여자라는 것을 이미 알고 있었기 때문이었습니다. 네로는 이미 친구의 부인을 좋아하고 있었습니다. 어머니를 죽인 뒤 그는 옥타비아와 이혼하고 친구 부인인 폼파이아와 결혼했습니다. 전처 옥타비아는 추방했다가 죽여 없앴습니다.

옥타비아의 조각상

 골든벨 상식

옥타비아

로마의 황제 네로의 첫 번째 황비이다. 클라우디우스 황제와 메살리나 사이에서 태어나, 53년 네로와 결혼하였으나 남편에게 버림받았으며, 62년에는 아이를 갖지 못한다는 이유로 이혼당하고 캄파니아로 추방되었다.

복귀된다는 풍문이 민중의 기대를 모으자, 네로는 그녀를 간통과 반역죄로 판다테리아로 추방한 후 처형하였다.

옥타비아의 비극적인 운명은 세네카의 작품이라고 전해지는 〈옥타비아〉에 묘사되어 있는데, 네로가 죽은 후 연극으로 상연되었다.

## 사치와 폭정을 일삼는 네로

네로 황제는 세네카와 부루스의 도움으로 초기에는 정치를 잘해 나갔습니다.

그러나 부루스가 병으로 죽고 세네카가 쫓겨난 뒤부터, 네로 황제는 서서히 폭군으로 변해 갔습니다. 게다가 간신 티겔리누스가 옆에서 충동질했습니다.

갈바 상이 새겨진 화폐

차바퀴를 움직이는 노예들

폭군이 된 네로 황제는 사치와 낭비를 하며 잔치와 놀이에 빠졌습니다.

아우구스투스가 다스리던 시대의 로마는 급격히 발전하여 세계의 심장이 되었습니다.

그리하여 세계 최대의 정치, 경제, 문화의 중심지로서, 인구 100만의 대도시가 되었습니다.

해외 영토에서 들어오는 막대한 부와 노예, 엄청난 토지에서 얻어지는 이익은 로마 귀족들과 지주, 그리고 상인들에게 많은 재산을 안겨 주었습니다.

아피아 가도에 있는 가옥 유적

그러나 어느새 로마는 이렇게 근검절약하던 때를 까맣게 잊어버리고, 사치와 허영, 그리고 향락의 길로 접어들기 시작했습니다.

로마인들의 사치는 먹고 마시는 것뿐만 아니라, 집을 짓는 데까지 퍼졌습니다. 앞다투어 호화스러운 고급 저택을 짓고 꾸미는가 하면, 고급 별장 짓기에도 경쟁적으로 열을 올렸습니다.

로마 포로 로마노

카라칼라 대욕장

로마인들의 사치는 공중목욕탕에서도 볼 수 있습니다.

로마에서 이곳은 몸을 씻는 곳으로서만이 아니라, 긴장을 풀고 사람을 만나 사귈 수 있는 사교 장소였습니다.

목욕물을 끌어 오기 위해 몇십 리 밖에서 물길을 내어 끌어 오기도 했으며, 어떤 공중목욕탕은 한꺼번에 수백 명을 수용할 수 있을 정도였습니다.

그들의 사치는 음식에 이르러 극에 달했습니다. 고대 로마의 식사는 아주 푸짐했는데, 세계 대제국을 이루었던 제정 로마 시대에 특히 더하였습니다.

넓은 식탁에는 여러 지역에서 가져온 도자기며 유리그릇에 갖가지 음식이 잔뜩 차려졌습니다.

정오부터 시작하여 저녁까지 계속되는 연회도 자주 열렸습니다.

64년, 로마에 원인 모르는 큰불이 나서 전 시가지가 불길에 휩싸였을 때입니다.

네로 황제는 로마 시가 불타는 모습을 보고 감탄을 했습니다.

"보아라, 로마가 온통 불꽃에 싸여 있구나! 이보다 더 아름다운 구경거리가 또 있을까? 이제 새로운 로마를 만들어야지!"

렙티스마그나 극장의 유적

❶ 궁전안에 누워있는 네로
❷ 네로 동상
❸ 불바다로 된 로마를 보고
   시를 읊는 네로
❹ 유태인을 처형하는 네로
❺ 네로가 토치램프로 유대인
   을 화형 시키다

한편, 시민들은 수군거렸습니다.

"네로 황제가 일부러 불을 질렀대! 그래 놓고 불구경을 하며 시를 지었다는군."

그러나 네로 황제는 그 죄를 크리스트교도들에게 뒤집어씌웠습니다.

크리스트교인들에게 죄를 뒤집어씌우다니! 네로는 지옥으로 떨어질 거야!

"크리스트교도들이 온 로마 시내에 불을 질렀다!"

그리하여 수많은 크리스트교도들이 억울하게 체포당해 불길 속으로 던져졌습니다.

네로의 가정교사 세네카

시민들은 폭군 네로의 공포 정치에 몸서리를 쳤습니다.

네로 황제가 로마의 불타는 모습을 시로 쓰기 위하여 부하에게 불을 지르게 했다고 전해지기는 하지만, 사실인지 아닌지는 아직 밝혀지지 않았습니다. 하지만 네로의 포악한 정치는 사회의 곳곳에서 드러나고 사치는 극에 달했습니다.

네로 동상

네로의 욕조

로마 만신 전                    만신 전 내부 지붕

로마의 원로원 자리

다음 해인 65년에는 원로원 의원에 의해 정부를 뒤엎자는 음모 사건이 일어났습니다.

그러자 네로 황제는 많은 인사들을 체포하여 죽음으로 몰아넣었는데, 이때 그의 스승이었던 세네카도 붙잡혀 왔습니다.

네로 황제는 그에게 스스로 목숨을 끊도록 명령했습니다.

폼페이 유적

세베루스 황제 개선문

　세네카는 핏줄에 독약을 넣고 한증탕 속에 들어가 죽었습니다. 이것이 이 무렵에 스스로 죽는 자결 방법이었습니다.

　이로써, 어린 시절부터 네로를 옆에서 보살펴 주던 세네카는 그에게 죽임을 당하고 말았습니다.

　스토아 학파의 철학자이며 네로의 어린 시절 가정 교사였던 세네카였으므로 그는 제자에게 죽임을 당한 셈이었습니다.

*갈리아
고대 유럽의 켈트인이 살던 지역으로, 현재의 프랑스, 벨기에 전역과 이탈리아 북부, 네덜란드 남부, 독일의 라인 강 왼쪽 강가, 스위스의 대부분을 포함한다. 기원전 1세기 카이사르에게 정복되어 로마령이 되었다.

*에스파냐
유럽의 남서부, 이베리아 반도 대부분을 차지하고 있는 입헌 군주국이다. 15세기 말 에스파냐 왕국이 성립되어 한때 번영했다. 1931년 공화국을 거쳐 75년 왕정이 복고 되었다.

그 뒤 68년 갈리아*에서 반란이 일어나고, 곧이어 에스파냐*에서도 반란이 일어났습니다.

"우리는 폭군에게 충성하지 않겠다!"

친위대마저 네로 황제에게 등을 돌렸습니다.

"네로는 로마의 적이다!"

원로원도 이렇게 선언하였습니다.

술의 신 바쿠스에 관련된 의식을 금지시켰던 원로원 의결문

폼페이 유적

"자결을 하시오."

네로와 친한 사람이 네로에게 자결을 하라고 권했습니다. 그러나 네로는 예술가의 자질이 있는 자신이 죽기에는 너무 아깝다는 생각이 들었습니다.

'내가 죽고 나면, 예술가는 다 사라지는 것이 아닌가?'

네로 황제는 다급해져 도망치려고 하다가 실패하였습니다.

전쟁의 신 마르스에게 바쳐진 신전

 **골든벨 상식**

**예술에 관심이 많았던 네로**

네로는 어려서부터 예술에 관심이 많았다. 시를 짓고, 특히 많은 사람들 앞에서 하프를 연주하며 노래하여 갈채 받는 것을 즐겼다.

64년 7월, 로마의 대경기장 일대에서 갑자기 화재가 일어나 시내 대부분이 소실되자, 일반 시민들은 네로가 불을 지른 것이라고 하였다.

네로는 간신히 티겔리누스 등의 진언을 듣고, 그 책임을 크리스트교도에게 떠맡김으로써 많은 사람들을 체포하여 화형과 십자가형에 처하거나 사자의 먹이가 되게 하였다.

그때 왕궁으로 달려오는 말발굽 소리가 점점 가까워져 오고 있었습니다.

자신을 향해 달려오는 말발굽 소리를 들은 네로는 그제야 자결하기로 마음먹었습니다.

폼페이의 벽화에 그려진 〈디오니소스의 비의〉

호메로스를 신격화한 부조

"아, 말발굽 소리가 음악처럼 점점 더 크게 내 귀를 때리
는구나……."

결국 네로 황제는 호메로스*의 시를 읊다가 칼로 자신의
목을 찔러 31세로 일생을 마쳤습니다.

폭군 네로는 후비였던 소아그리피나가 늙은 황제를
살해한 덕분에 그 자리에 올랐으나, 자기의 어머니마저
죽이고 자신도 스스로 목숨을 끊는 처참한 비극을 맞았
습니다.

*호메로스
고대 그리스의 시인으
로, 기원전 8세기 무렵
의 사람이라고 추측된
다. 그리스에서 가장 오
래되고 긴 서사시인 〈일
리아드〉와 〈오디세이〉의
작자이다.

# 3 십자가에 못 박힌 예수

아우구스투스의 시대, 로마의 속주 팔레스타인에서 예수가 태어나 새로운 복음을 전파하였습니다.

이민족의 지배에 시달려 오던 유대인은 구약 시대에 예언자들의 말에 따라 구세주를 갈망하고 있었습니다.

예수는 유대교의 율법주의를 반대하고, 모든 사람에게 사랑과 소망과 믿음을 강조하면서 신의 나라가 가까이 다가왔음을 전하여, 많은 사람들이 그의 교리를 따랐습니다.

그러나 예수는 유대교의 지도자들에 의해 로마의 반역자로 몰려 십자가에서 처형되었습니다.

인류를 구원하기 위해
십자가에 못 박힌 예수

예수의 탄생

어린 예수와 성모 마리아 그리고 동방박사

# 메시아 예수의 탄생

"메시아\*가 와서 우리를 고통에서 구해 주실 것이다."

유대인들은 언제부터인지 이런 희망 속에서 살았습니다. 이들이 살고 있는 팔레스타인도 로마가 지배하고 있었으므로 유대인들은 심한 학대를 받았습니다. 유대인들은 걸핏하면 로마 병사들에게 채찍을 맞았습니다.

기원전 4세기 무렵, 갈릴리 지방의 나사렛\*이라는 마을에 아기 예수가 탄생했습니다.

아버지는 목수 요셉이고, 어머니 마리아는 동정녀로서 하느님의 성령으로 예수를 잉태하였다고 합니다.

---

**\*메시아**

'기름을 부은 자'라는 뜻으로, 〈구약성서〉에서는 장차 올 왕으로서의 구세주를 말하며, 〈신약성서〉에서는 예수를 가리킨다.

**\*나사렛**

이스라엘의 갈릴리 지방에 있는 작은 마을로, 예수가 요한에게 세례를 받을 때까지 약 30년 동안 이곳에서 살았다.

**＊헤롯 왕**

유대의 왕으로, 친로마 정책을 펴 유대 왕국을 발전시켰다. 하스몬 왕가의 혈통을 단절시키기 위해 자신의 일족을 처형했으며, 예수의 강림을 두려워하여 베들레헴의 많은 어린아이들을 살해했다.

로마 제국의 식민지인 유대를 다스리던 헤롯 왕은 '베들레헴에서 태어난 아기가 메시아가 된다.'는 예언을 들었습니다. 헤롯 왕＊은 왕의 자리에 위협을 느꼈습니다. 그리하여 "베들레헴에서 태어난 2세 이하의 아기는 모두 죽여라!" 하고 무시무시한 명령을 내렸습니다.

예수는 헤롯 왕의 명령을 피해 애굽(이집트)으로 피하여 무사했습니다.

12세가 된 어느 날, 예수는 유월절 축제에 참가하려고 예루살렘으로 갔습니다.

레오나르도 다빈치의 〈수태고지〉

십자가에 못 박힌 예수

해마다 4월에 예루살렘*에서는 유월절 축제가 열렸습니다. 이날은 유대인들이 각지에서 몰려와 성전에 제물을 바치고 하느님께 기도를 드렸습니다.

이때는 이스라엘 사람들뿐만 아니라, 로마, 에스파냐, 그리스, 이집트 등지에 사는 유대인들도 예루살렘으로 모여 축제에 참석하였습니다.

*예루살렘
이스라엘의 수도이다. 유대교, 크리스트교, 이슬람교의 성지로, 역사적으로 분쟁이 많은 지역이다.

〈황색의 크리스트〉

한 걸음 더!

## 유대교의 3대 축제일 중 하나인 유월절

〈구약성서〉에서는 유월절의 기원을 모세에 인도된 이스라엘 민족의 이집트 탈출 전야와 연결시키고 있다.

노예 상태에 있던 민족의 고통과 이집트에서 탈출함으로써 얻게 된 자유와 해방을 상기하여 감사를 드리는 날로 정하고 있다.

오늘날에도 유대교도는 닛산의 달(3~4월) 13일의 해 질 녘부터 집 안의 모든 누룩을 치워 버리고, 14일부터 20일까지 이레 동안 누룩 없는 빵을 구워 먹는다. 저녁 식사 때에는 온 가족이 모여 이집트에서 나온 일과 그 뒤 민족의 고난 시대를 상징하는 음식을 먹고, 역사를 되돌아보며 찬미의 시를 부르고 해방과 자유의 축제를 연다.

과월절이라고도 부르는 유월절은 고대 이스라엘에 계승되고, 나아가 이집트 탈출이라고 하는 민족의 역사적 출발의 기념행사와 결부되어 독특한 축제가 된 것이라고 생각할 수 있다.

장사꾼들로 붐비는 시끄러운 성전의 모습

요셉과 마리아도 해마다 유월절이 되면, 예루살렘으로 가는 것을 큰 즐거움으로 여겼습니다.

부모를 따라 예루살렘으로 간 예수는 유월절 축제에 파묻혀 정신없이 시간을 보냈습니다.

얼마 후, 성전에서 해야 할 일을 마치고는 집으로 돌아오려고 하는데 예수가 보이지 않았습니다. 요셉과 마리아는 예수가 걱정이 되어 여기저기 찾아보았습니다.

"예수가 어디로 갔을까? 조금 전만 해도 여기 있었는데……."

성전 안에는 많은 사람들이 빙 둘러서 있었습니다.

학자들에게 가르침을 받으러 몰려온 사람들이었습니다.

'예수가 학자의 이야기를 듣고 있나?'

요셉과 마리아는 예수를 찾으려고 그곳을 기웃거렸습니다.

그런데 하느님의 말씀을 전해 주어야 할 학자는 입을 다물고 있고, 어린 예수가 말을 하고 있었습니다.

예수는 여러 사람들에게 질문을 받아 대답해 주고 있었습니다.

학자들 사이에서 토론하고 있는 예수(중앙)

성모 마리아와 어린 예수 그림

요셉과 마리아는 놀라움을 금치 못했습니다. 예수는 어른들보다도 더 침착하고 조리 있게 하느님의 말씀을 전하고 있었습니다.

마리아는 많은 사람들 틈을 비집고 들어가서는 예수의 손을 덥석 잡았습니다.

"어서 가자! 너를 찾느라고 얼마나 고생했는지 아니?"

마리아가 이렇게 말하자, 예수는 아무렇지도 않게 대답했습니다.

"제가 아버지의 집에 있으리라는 것을 모르셨나요?"

어린 예수가 어린 요한에게 물을 준다

저렇게 어린 아이가 하나님의 말씀을 학자보다 더 정확하게 전하다니!

성모 마리아와 어린 예수 동상

*세례 요한
팔레스타인에서 세례 운동을 한 대표적인 인물이다. 〈신약성서〉에 따르면, 그는 사제 즈가리야의 아들로 태어나 기원후 28년 무렵 요르단 계곡에서 예언 활동을 하고, 회개의 증표로 세례를 주었다.

예수는 성전을 '아버지의 집'이라고 하였습니다.

그 뒤 예수가 30세가 되었을 때 예언자 요한이 나타났습니다.

요한*은 낙타 털로 만든 옷을 입고 허리에 가죽띠를 둘렀는데, 메뚜기와 들꿀만 먹으며 요단 강에서 사람들에게 세례를 주며 외쳤습니다.

황야의 세례 요한

# 빌라도에게 수난받는 예수

"회개하라! 하느님의 심
판의 날이 가까웠느니라."

예수도 요한에게 세례를 받
았습니다.

세례를 받은 예수는 황야(거
친 들)에서 40일 동안 아무것
도 먹지 않고 기도하였습니다.
그리고 그 뒤 갈릴리로 가서
복음(하느님 말씀)을 전하기
시작했습니다.

예수는 거리로 나아가 사람
들에게 하느님에 대한 얘기를
들려주었습니다.

겟세마네 동산에서의 예수의 기도

그러나 예수의 말을 듣기 위해 모이는 사람은 그리 많지
않았습니다. 또, 예수는 병든 자를 고쳐 주고 슬픔에 빠진
자에게 희망을 주었습니다.

"네 마음을 다하고 뜻을 다하여 주 너의 하느님을 사랑
하라. 네 이웃을 네 몸같이 사랑하라."

비록 나사렛에서는 예수를 훌륭하게 생각하는 사람이
별로 없었지만, 다른 고장에서는 그렇지 않았습니다.

> **＊겟세마네 동산**
> 예루살렘 부근에 있는
> 동산으로, 예수가 붙잡
> 히기 직전에 최후의 기
> 도를 드린 곳으로 유명
> 하다.

라파엘로가 그린 〈고기잡이의 기적〉

어느 날, 예수는 발아래 엎드린 문둥병 환자에게 손을 대며 말했습니다.

"깨끗해져라!"

그러자 정말 그의 문둥병이 깨끗하게 나았습니다.

사람들은 정말로 깨끗이 나은 문둥병 환자를 보고 예수가 기적을 일으켰음을 알았습니다.

예수는 장님의 눈을 뜨게 해 주고, 앉은뱅이가 일어나 걷게 해 주었습니다.

예수 그리스도와 아이들

＊빌라도
로마 티베리우스 황제 때 유대를 통치한 로마 총독이다. 성질이 잔악하여 유대인을 탄압하였으며, 예수의 무죄함을 알면서도 유대인들의 압력에 의하여 십자가형을 내렸다.

＊골고다 언덕
예수가 십자가형을 받은 예루살렘 교외의 언덕이다.

그러자 사람들은 소곤거렸습니다.

"예수야말로 우리를 구원하러 오신 메시아다!"

한편, 바리새인들은 이러한 예수를 아주 못마땅하게 여겼습니다.

많은 사람들이 예수를 따르자, 로마 총독 빌라도＊에게 이렇게 고소하는 사람들이 있었습니다.

"예수가 왕 노릇을 하려고 일을 꾸밉니다."

예수는 꽁꽁 묶인 채로 대제사장 앞으로 끌려갔습니다.

이 자리에서 대제사장이 예수에게 물었습니다.

예수와 빌라도

십자가를 업고 가는 예수를 도와주는 사람들

"그대는 메시아, 하느님의 아들인가?"

"그렇습니다!"

예수는 아무 대꾸도 하지 않다가 이 질문만은 확실하게 대답했습니다. 예수는 하느님을 모독한 자는 사형에 처해야 한다는 대제사장과 많은 사람들에 의해 사형을 선고받았습니다.

예수는 예루살렘 교외의 골고다 언덕*에서 가시관을 쓰고 십자가에 못 박히는 형벌을 받았습니다.

아버지여, 제 영혼을 당신께 맡깁니다. 다 이루었도다.

십자가를 업고 가는 예수와 로마 병사들

십자가를 메고 가는 예수

네가 어찌하여 나를 핍박하느냐.

예수는 바위를 깎아 만든 무덤 안에 안장되었습니다. 그리고 무덤 입구는 커다란 돌로 막혔습니다.

그러나 예수는 숨진 지 사흘 만에 부활하여 승천(하늘로 올라감)했습니다.

제자들은 많은 핍박 속에서도 활발하게 전도 활동을 계속 펼쳐 나갔습니다.

온갖 박해가 있었지만 크리스트교는 여기에 흔들리지 않았고, 하느님의 말씀은 널리 세상에 퍼져 나갔습니다.

예수를 안장시키는 모습

대체 뉘십니까?

크리스트교가 로마 제국과 전 세계에 전파된 데에는 사도 바울*의 힘이 아주 컸습니다.

소아시아에서 태어난 바울은 열렬한 유대교도로서 청년 시절에는 누구보다도 크리스트교를 박해했습니다. 그러던 어느 날, 부활한 예수의 음성을 듣고 크리스트교를 믿게 되었습니다. 그 후 바울은 열렬한 전도자가 되었습니다. 바울이 쓴 믿음의 편지는 〈신약성서〉에 기록되어 있습니다.

> **＊바울**
> 크리스트교 최초의 전도자이며, 열렬한 유대교도로서 크리스트교도를 박해하러 가다가 예수를 만나 믿음을 갖게 되었다. 전 생애를 바쳐 이교 세계에서 전도에 힘썼고, 각지에 교회를 세웠다. 로마에서 순교하였다.

크리스트교 최초의 전도자 바울

예수 승천

교회 앞에 있는 예수 상

# 4 크리스크교의 탄압

예수의 교리는 베드로와 바울 등에 의하여 로마 각지에 빠르게 전파되었습니다. 그러나 황제 숭배를 거부한 사도 베드로를 비롯하여 많은 신도들은 박해를 받았습니다.

그럼에도 불구하고 신도 수는 계속 늘어나 각지에 교회가 세워졌고, 예수의 복음과 사도들의 편지를 모은 〈신약성서〉가 편찬되어 〈구약성서〉와 함께 크리스트교의 경전이 되었습니다.

한편, 기원전 64년, 로마 시내에 큰 화재가 일어났는데, 네로 황제는 그 책임을 크리스트교도들에게 뒤집어씌워 크리스트교를 박해하였습니다.

〈예수의 죽음을 슬퍼하는 사람들〉

# 사랑과 평등의 크리스트교

크리스트교는 유일신(단 하나의 신) 여호와를 섬기는 종교입니다.

크리스트교의 경전으로는 〈구약성서〉*와 〈신약성서〉가 있는데, 이것은 사람들이 하느님의 말씀을 받아 기록한 책입니다. 예수의 탄생 이후의 기록이 곧 〈신약성서〉입니다.

〈구약성서〉는 약 1,500년에 걸쳐 히브리어로 씌어졌고, 〈신약성서〉는 약 100년에 걸쳐 그리스어로 쓰여졌습니다.

성서는 하느님, 예수 그리스도, 성령, 하느님 나라 등에 대해 알게 해 줍니다.

성서는 하느님으로부터 감동을 받은 40여 명의 사람들에 의해 쓰여졌는데, 성서 기록자는 왕이나 철학자, 예언자, 의사 등 학식이 풍부한 사람들뿐만 아니라, 어부 등 평범한 사람들도 성서를 기록했습니다.

엘 그레코가 그린 〈성 베드로의 눈물〉

라틴 문자로 기록된 〈성서〉

스테인드글라스에 새겨진 〈성 가족〉

 **끌든벨 상식**

### 로마 제국의 크리스트교의 박해

로마는 원래 이민족을 분할 통치한다는 방침 아래 그들의 풍속, 종교에 대하여 관대한 편이었다. 그러나 사상을 통제하기 위한 수단으로 황제 숭배를 강요하자, 크리스트교도들은 이를 거부하였다.

크리스트교는 교리상 우상 숭배를 배격하였으며, 로마 제국의 토착 종교를 부정하였다. 이 때문에 로마 황제의 관리들은 크리스트교도들을 박해하기 시작했는데, 이러한 박해에 앞장선 인물이 네로 황제였다.

그는 64년에 일어난 로마 시의 대화재 사건을 크리스트교도들이 한 짓이라 하여 그들을 모조리 잡아들였다. 그러고는 크리스트교도들을 콜로세움 안으로 끌어들여 사자의 먹이가 되게 하거나, 십자가에 매달아 불태우는 등 대규모 박해를 가하였다. 이러한 박해는 약 300년간 계속되었다.

그러나 신도들은 이에 굴복하지 않고 로마의 지하 묘지(카타콤)에 숨어서 자신들의 신앙을 지켜나갔으며, 신도들의 수는 오히려 증가하여 크리스트 교세는 더욱 강해졌다.

예수가 전도하다

예수와 어부

'원수를 사랑하라.' 는 말씀에서도 알
수 있듯이, 크리스트교의 중심 사상은 인
류의 사랑에 바탕을 두고 있습니다.

크리스트교의 바탕에 깔려 있는 그
사랑은 신분이나 계급 등에 차별을 두
지 않습니다.

어려움에 처한 이웃을
못 본 체할 수는 없지.
이보시오, 정신을 좀
차리시오.

때문에 크리스트교의 사랑은 '평등' 이라는 넓은 뜻을 지니고 있습니다.

사랑과 평등의 종교 크리스트교는 특히 학대받고 가난하고 고통 받는 사람들에게 환영받았습니다.

로마는 넓은 영토를 지배해 왔으므로 많은 민족을 다스리게 되었습니다.

"그 지역의 종교는 건드리지 않는 게 좋다."

폭동과 반항을 염려해서 로마는 처음에는 비교적 다른 민족이 믿는 종교를 너그럽게 대했습니다. 그렇지만 다신교(많은 신을 믿음)를 신봉한 로마는 권위를 세우기 위해 로마 황제를 신으로 받들 것을 요구했습니다.

바다 위에 걸어 다니는 예수

# 크리스트교의 박해

아우구스투스 이후 로마에는 황제 숭배 사상이 계속되었습니다.

"여호와 신 외에 다른 신은 두지 말라!"

이것이 크리스트교에서 가장 강력하게 주장하는 것이어서 유대인들은 황제 숭배를 거부했습니다. 때문에 크리스트교가 로마에 전파되기 시작하면서 심한 박해를 받게 되었습니다.

로마 사회는 빈부 차이가 심했습니다. 가난과 병에 시달리던 많은 시민들에게 천국을 약속하는 크리스트교는 큰 환영을 받아 신도 수가 크게 늘어났습니다.

로마 제국의 분열과 크리스트교

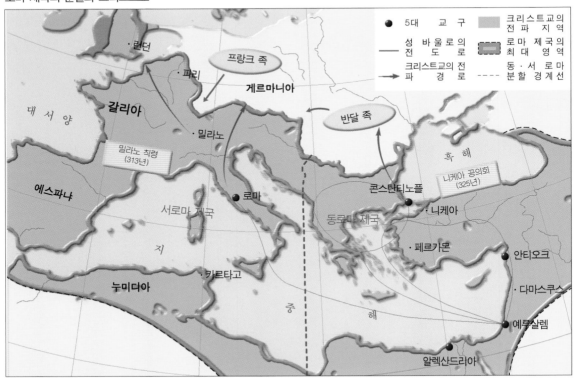

예수를 백성에게 소개하는 빌라도

너희들이 내 몸은
죽일 수 있으나
내 영혼은 죽일 수
없을 것이다.

또, 로마 종교에 싫증이 나거나 사치와 향락에
빠져 정신적으로 의지할 데가 없는 상류층과 부
자들도 합세했습니다.

기원전 64년, 로마 시내에 큰 화재가 일어나자
정부는 그 책임을 크리스트교도에게 뒤집어씌워
마구 잡아 죽였는데, 심지어 크리스트교도들에게
짐승 가죽을 씌워서 개들이 물어뜯게 하기도 하
였습니다.

또한, 십자가에 매달아 날이 어두워지면 불에
태워 화형에 처하기도 했습니다.

크리스트교 여인을 살해하는 네로 황제

네로 황제의 크리스트교 탄압은 자신이 로마 화재의 범인이라는 오해를 벗어 책임을 피하고, 시민들의 원성을 크리스트교도들에게 뒤집어씌우기 위해서였습니다.

애초부터 크리스트교의 교리를 겨냥한 것은 아니었습니다. 다만, 자신을 향한 시민들의 분노를 다른 곳으로 돌리기 위해 크리스트교를 건드렸던 것뿐이었습니다.

하하하, 꼴 좋다! 어디 너희들이 믿는 신에게 구해 달라고 해 봐라!

배 타고 가는 예수

그러나 혹독한 탄압에도 불구하고 크리스트교도는 줄어들기는커녕 오히려 더욱더 늘었습니다.

이제 로마는 크리스트교를 하나의 종교로 인정하지 않을 수 없을 만큼 그 세력이 커졌습니다.

지하 묘지 카타콤의 내부

순교하는 베드로

더욱이 예수의 제자 베드로＊와 바울이 믿음을 지키기 위하여 목숨을 버린 일이 본보기가 되어 크리스트교는 더욱 빠른 속도로 번져 갔습니다.

당시 로마에서는 유대인과 크리스트교도들은 자기들과 같은 신을 믿지 않은 자들과 함께 묻히지 않도록 멀리 떨어진 곳에 따로 묻게 되어 있었습니다.

크리스트교인들은 숨어서 예배를 보았습니다. 예배 비밀 장소는 주로 로마 교외에 있는 지하 묘지 카타콤＊이었습니다. 그곳은 로마 시민의 공동묘지로, 지하 4, 5층으로 되어 있으며 전체 길이가 수

십 킬로미터나 되는 커다란 묘지였습니다.

길을 모르고 들어갔다가 잘못하면 빠져나오지 못해서 로마 군인들도 함부로 습격할 수가 없었습니다.

그러므로 이 지하 묘지는 크리스트교도들이 예배를 보기에는 아주 안성맞춤인 곳이었습니다.

지하 묘지 카타콤은 로마 제국 시대의 크리스트교도의 예배 장소이자 피난처였습니다.

카타콤의 벽에는 크리스트교도들이 새긴 암호가 아직도 남아 있습니다. 이것은 그들이 서로 같은 교도임을 확인하는 데 사용했던 비밀 표식이었습니다.

크리스트교는 로마뿐만 아니라, 소아시아와 아프리카, 에스파냐에까지 퍼졌습니다.

> **＊카타콤**
> 초기 크리스트교도의 지하 묘지이다. 묘지를 지하에 설치하는 풍습은 동방에서 전래되었다. 그런데 제정 로마 시대에 크리스트교도에 대한 박해가 심해지자, 그들은 지하 묘지에 비밀 예배 장소를 마련하고 그곳에서 활동을 계속하였다.

예수와 12제자들

*콘스탄티누스 황제
로마의 황제로, 콘스탄티우스 1세의 아들이다. 313년 밀라노 칙령을 공포하고 크리스트교를 공인하여 크리스트교의 정통성을 인정하였다.

강한 탄압에도 아랑곳없이 크리스트교의 뿌리가 깊이 내렸을 즈음, 콘스탄티누스*가 황제가 되었습니다.

"짐은 크리스트교가 하나의 종교임을 인정하노라. 누구든지 자유로이 이 종교를 믿어도 좋다. 어느 누구도 크리스트교인이라 하여 죄인의 자리에 세우지 않겠노라!"

 골든벨 상식

### 최초로 크리스트교를 공인한 로마 황제 콘스탄티누스

콘스탄티누스 황제는 처음에는 태양신을 믿었으나, 뒤에 최초로 크리스트교를 공인하고 자신도 크리스트교인이 되었다.

소년 시절에는 인질이 되어 네코메디아의 디오클레티아누스의 궁정에서 지냈으며, 페르시아 원정에 참가하여 활약하였다.

그는 로마에 근거지를 둔 막센티우스와 대립했는데, 리키니우스 및 동방의 막시미아누스와 연락을 취해 이듬해 로마로 진군하여 미르위우스교의 전투에서 막센티우스의 전군 2천 명을 테베레 강에 몰아넣어 전멸시켰다.

콘스탄티누스 황제

크리스트교의 역사가들은, 이 싸움에서 콘스탄티누스가 크리스트교의 신의 가호를 받아, 중천에 크리스트의 머리글자로 된 십자가의 환영을 보고 승리했다고 전하고 있다. 그리고 이것이 콘스탄티누스 황제가 크리스트교로 종교를 바꾸게 된 동기가 되었다고 전한다.

로마에 입성한 콘스탄티누스 황제는 동방의 막시미아누스에게 크리스트교에 대한 박해를 중지하도록 권고했다.

또한, 리키니우스와 밀라노에서 만나 크리스트교에 대한 공인과 종교 자유의 원칙을 결정하기도 하였다. 이것이 바로 '밀라노 칙령'이다.

원정에 나가 승리하고 돌아오는 콘스탄티누스 황제

313년, 콘스탄티누스 황제는 밀라노 칙령*을 발표하여 크리스트교를 종교로 정식 인정해 주었습니다. 이로써, 오랜 세월에 걸친 크리스트교에 대한 박해는 끝이 나게 되었습니다.

그리하여 2백여 년 동안 온갖 탄압을 뚫고 뻗어나간 크리스트교는 밝은 빛을 볼 수가 있었습니다.

＊밀라노 칙령
313년 콘스탄티누스 대제가 밀라노에서 발표한 칙령으로, 신앙의 자유를 인정하고, 다른 종교와 마찬가지로 크리스트교를 공인했다. 로마 제국 종교 정책의 전환점이 되었다.

# 5 초기 크리스트교의 발전

크리스트교는 민족과 계급을 초월한 보편적 인류의 사랑과 평등을 강조하여 억압당하던 사람들뿐만 아니라, 상류층에까지 전파되었습니다.

로마는 이러한 크리스트교인들을 적으로 돌리고는 제국을 지배하기 힘들어졌습니다.

그리하여 디오클레티아누스 황제 때의 박해를 끝으로, 콘스탄티누스 황제 때에 밀라노 칙령을 반포하여 크리스트교를 공인하는 한편, 니케아 공의회를 열어 교리를 통일하였습니다.

그리고 테오도시우스 황제는 이를 국교로 정하였습니다.

이탈리아 밀라노의 두오모 성당

# 크리스트교의 공인

콘스탄티누스 황제가 크리스트교를 인정한 것은 그 세력이 너무 큰 탓도 있었으나 사실 속마음은 다른 데 있었습니다.

'갈라진 민족과 세력을 묶으려면 크리스트교를 이용해야 한다!'

이런 생각 때문이었습니다.

> **\*테오도시우스**
> 로마의 황제로, 모든 제국을 재통일하였으나, 후에 제국을 2분하여 아르카디우스와 호노리우스의 두 아들에게 나누어 주었다. 크리스트교를 국교로 삼았다.

콘스탄티누스 동상

십자가에 못 박힌 예수

로마는 황제 시대 이후 무척 약해졌습니다. 토지를 많이 가진 지주는 지주대로, 또 군대를 소유한 장군들은 장군들대로 황제를 무시하고 자기 세력을 길러서 나라의 힘이 흩어졌습니다. 나라가 여러 조각이 날 판이었습니다. 또, 정복당한 민족은 독립하려는 움직임을 보였습니다. 그러므로 나라를 하나로 묶어 주는 뭔가가 필요했습니다.

콘스탄티누스 1세가 소집한 제1차 니케아 공의회

앞으로 크리스트교만이 이 나라의 유일한 종교임을 선포한다!

한 걸음 더!

### 크리스트교의 공인

로마 황제는 크리스트교에 대한 탄압을 포기하고, 오히려 사람들의 마음을 사로잡고 있는 크리스트교를 이용하여 쇠퇴해 가는 로마 제국을 지탱해 보고자 하였다. 그래서 313년에 콘스탄티누스 황제는 크리스트교를 공인하는 칙령을 내렸는데, 이를 밀라노 칙령이라 한다.

또한, 콘스탄티누스 황제는 니케아 종교 회의에서 아타나시우스의 삼위일체설을 정통 교리로 채택하여 크리스트교의 교리를 확립하였다.

392년에는 테오도시우스 황제가 크리스트교를 국교로 정하고, 다른 종교를 믿는 것을 금지시켰다. 제정 말기에 아우구스티누스는 〈신국론〉을 저술하여 크리스트교적 세계관 확립에 공헌하였다. 그 후부터 크리스트교는 유럽 전체로 확산되어 갔다.

여러 갈래로 갈라진 민족과 세력 사이에 공통점이 있다면 그것은 바로 크리스트교뿐이었습니다.

325년, 콘스탄티누스 황제는 니케아*에서 여러 교파 대표를 모아 종교 회의를 열었습니다.

목적은 크리스트 교리를 통합하기 위해서였습니다.

니케아에서 열린 가톨릭 주교 종교 회의인 니케아 공의회

성 베네딕투스

"모든 교파의 대표들을 한자리에 모이도록 하라!"

그러나 막상 크리스트교가 공인되기는 했지만 크리스트교는 오랫동안 억눌려 온 까닭에 밖으로 드러내 놓고 교리를 해석하고 간추리지 못해 지방에 따라, 혹은 교리를 전하는 사람에 따라 조금씩 성격이 다르게 전파되었습니다.

# 니케아 종교 회의

여기에서 아리우스파*와 아타나시우스파의 두 주장이 맞섰습니다.

아리우스파는 다음과 같이 주장했습니다.

"예수는 신도 아니고 사람도 아니오.

그는 신이 만들어 낸 존재로, 신의 아들이라는 자격을 받았을 뿐이오. 그러므로 그는 성스러운 인물로 이해되어야 합니다."

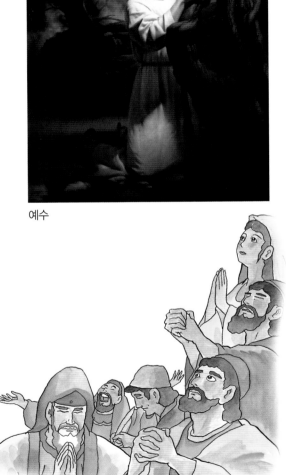

예수

성부와 성자, 성신의 삼위일체 주님이시여! 저희를 굽어살피소서.

84

한편, 아타나시우스파는 삼위일체를 주장했습니다.

"예수는 인간이며 또한 신입니다. 동시에 그는 성스러운 영혼, 즉 성령이기도 합니다. 예수는 성부, 성자, 성신이 하나로 합쳐진 삼위일체인 것입니다."

삼위일체란 크리스트교에서 성부와 성자와 성신을 하나의 신으로 여기는 교리입니다.

＊아리우스파
4세기 초에, 삼위일체설을 부정했던 아리우스와 그의 추종자들을 말한다.

교황에게 세례를 받는 성모

\*아타나시우스파

크리스트의 신인양성 및 삼위일체를 주장한 아타나시우스의 교의를 신봉하는 파이다.

아타나시우스는 고대 크리스트교의 신학자로서, 알렉산드리아의 주교이며, 아리우스파와 대립하여 삼위일체설에 입각해서 가톨릭의 전통 교의를 확립하였다.

"삼위일체의 교리를 정통으로 받아들이겠소!"

결국, 니케아 종교 회의에서는 삼위일체를 주장한 아타나시우스파\*의 교리를 정통으로 받아들이고, 그 밖의 모든 교리는 이단으로 여기기로 결정했습니다.

이것이 곧 '가톨릭'의 탄생이 되었습니다. 테오도시우스 황제는 오직 하나의 신만을 섬기는 크리스트교를 국교로 선포했습니다.

알렉산드리아의 주교 아타나시우스

테오도시우스 2세의 상

알렉산드로스 대왕

이로써 1천 년 가까이 로마에 퍼진 다신교는 세력을 잃었으며, 인간 중심인 헬레니즘 세계에서 하느님 중심의 헤브라이즘* 세계로 옮아 갔습니다.

그 뒤 고대 올림픽 경기는 크리스트 교리에 위배된다 하여 중단되었는데, 쿠베르탱*의 주장으로 1896년에 다시 열리기까지는 약 1,500년의 세월이 흘러야 하였습니다.

또, 390년에는 알렉산드로스 대왕이 건설한 도시인 알렉산드리아도 크리스트 교리에 위배된다고 하여 파괴되었습니다.

종교가 정치에 중요한 영향을 미치게 된 것도 이 무렵부터입니다.

그 뒤, 교회의 대립이 정치 싸움으로 번져서 로마 제국은 동, 서로 나누어졌으며, 크리스트 교회는 동로마 교회(그리스 정교회)와 서로마 교회(가톨릭 교회)로 갈라져 각각 발전했습니다.

> *헤브라이즘
> 고대 히브리인의 사상, 문화 및 그 전통을 말한다. 특히, 유대교와 크리스트교의 전통을 통틀어 말하는데, 헬레니즘과 함께 유럽 사상과 문화의 2대 원류를 이루었다.
>
> *쿠베르탱
> 프랑스의 교육가로서, 고대 올림픽의 부흥을 제창하여, 1894년 국제 올림픽 위원회를 조직하고 1896년 아테네에서 근대 올림픽 제1회 대회를 개최하였다.

프랑스의 교육가 쿠베르탱

# 6 유랑 민족이 된 유대인

유대인은 66년 로마에 독립을 요구하는 반란을 일으켰습니다.

그들은 로마군이 적은 것을 틈타서 예루살렘을 빼앗은 뒤, 독립 정부를 세우고 화폐까지 새로 만들었습니다.

그러나 군대를 증강한 로마군이 반격 작전을 펴고, 유대인들의 격렬한 세력 다툼이 일어나서 결국 70년에 예루살렘이 함락되고 말았습니다.

그 뒤, 유대인은 팔레스타인 지방을 떠나 2천 년 동안이나 세계를 떠도는 유랑 민족이 되었습니다.

유대인의 나라 잃은 슬픔은 그런 점에서 어느 민족보다도 그 아픔이 컸습니다.

이스라엘의 예루살렘

# 유대인의 반란

66년, 유대인은 로마를 상대로 독립을 요구하며 반란을 일으켰습니다. 그들은 예루살렘을 빼앗고 독립된 정부를 세웠습니다. 그렇지만 로마군이 반격을 가하여 70년에 예루살렘이 함락되었습니다.

로마군은 신전을 불태우고 주민들을 노예로 팔았습니다. 예루살렘은 주피터 신전을 모신 로마의 식민지가 되어 버렸습니다.

"유대인들은 예루살렘에 들어가지 못한다!"

로마는 이런 규정을 정해 놓았습니다.

그렇지만 그들은 한 가지 아량을 베풀었는데, 그것은 1년에 하루, 예루살렘이 함락된 날만 유대인들이 예루살렘에 들어가도록 허락한 것입니다. 그리하여 유대인들은 그날 하루 예루살렘에 들어가 허물어진 신전의 벽에 이마를 대고 통곡하게 되었습니다.

흑흑. 하나님의 거룩한 성전이 로마인 때문에 이렇게 허물어지다니, 너무나 원통하구나.

유대교도의 성인식

예루살렘 성

신전의 벽에 이마를 대고 통곡하는 유대인들

# 세계를 떠도는 유대인

**＊통곡의 벽**
예루살렘 서쪽에 있는 신전의 성벽으로, 유대인들이 이곳에서 기도하고 통곡한다고 한다.

"아아, 원통한 우리 유대 민족……."

민족의 슬픈 운명을 통곡하게 된 유대 민족이었습니다.

나라가 망하여 흩어진 유대 민족은 그 뒤 팔레스타인 지방을 떠나서 2천 년 동안이나 세계를 떠도는 유랑 민족이 되었습니다. 망국의 그 운명은 유대 민족에게 너무나 큰 슬픔이었습니다.

크리스트교, 유대교, 이슬람교의 성스러운 땅인 예루살렘

# 세계사 부록

## 크리스트교의 전파와 박해

예수의 가르침은 베드로와 바울 등의 제자들에 의해 로마 각지로 전파되었다.

특히, 베드로는 로마 시내까지 진출하여 전도를 하였다. 그리하여 크리스트교는 유대인 이외의 민족에게도 전파되어 세계의 종교로 발전하게 되었다.

초기의 크리스트교는 생활의 고통 속에서 의지할 곳 없는 노예와 하층민들 사이에 주로 퍼졌으나, 사회가 혼란해지면서 중·상류층의 군인과 귀족들도 믿게 되었다.

이와 같은 크리스트교의 전파에 따라 팔레스타인, 소아시아, 로마 시 등지에는 신자들을 중심으로 교회가 생기고, 사교, 주교 등의 성직자 제도도 마련되었다.

또, 예수의 복음과 사도들의 행적과 편지를 모은 〈신약성서〉도 편찬되어 세계적인 종교로 발전해 갔다.

로마는 원래 이민족을 분할 통치한다는 방침 아래 그들의 풍속, 종교에 대하여 관대한 편이었다.

그러나 사상을 통제하기 위한 수단으로 황제 숭배를 강요하자, 크리스트교도들은 이를 거부하였다. 크리스트교는 교리상 우상 숭배를 배격하였으며, 로마 제국의 토착 종교를 부정하였다.

이 때문에 로마 황제의 관리들은 크리스트교도들을 박해하기 시작했는데, 이러한 박해 사건에 앞장선 인물이 네로 황제였다. 그는 64년에 일어난 로마 시의 대화재 사건을 크리스트교도들이 한 짓이라 하여 그들을 모조리 잡아들였다.

그리고는 크리스트교도들을 콜로세움으로 끌어내어 사자의 먹이가 되게 하거나, 십자가에 매달아 불태우는 등 대규모의 박해를 가하였다. 이러한 박해는 약 300년간 계속되었다.

십자가를 진 예수

〈구약성서〉와 〈신약성서〉의 내용이 묘사되어 있는 카타콤 내부의 벽화

## 로마의 학문과 예술

카이사르 시대에는 이집트의 태양력을 수정해서 율리우스력을 만들었다. 이것은 16세기에 만들어진 현재의 달력(그레고리력)의 기초가 되었다. 또한, 지금 세계에서 가장 널리 쓰이고 있는 로마자도 이 시대에 만들어진 것이다.

아우구스투스 시대는 라틴 문화의 황금기로, 키케로, 베르길리우스 등과 같은 시인과 산문가가 많이 나왔다. 철학에서는 진리 탐구보다 실제 사회에서 필요한 철학을 추구하였다. 이 밖에 리비우스의 〈로마사〉, 플루타르크의 〈영웅전〉, 카이사르의 〈갈리아 전기〉 등이 있다.

자연 과학 분야에서는 플리니우스의 〈박물지〉에 의해 고

천동설을 주장한 프톨레마이오스의 우주도

대 과학이 집대성되었다. 그리고 프톨레마이오스는 천동설로 천문학의 체계를 세웠는데, 여기에서 중세의 우주관이 생겨났다.

## 로마인의 생활

기원전 3세기까지 로마의 농민들은 해가 뜰 때부터 질 때까지 일했다. 그리고 약간의 치즈와 올리브, 물 탄 술, 물에 데친 야채, 밀죽, 과일 등 변변치 않은 식사를 하였다. 의복도 집에서 직접 부인과 여자 노예들이 짠 천으로 만들었다.

약 2만 명을 수용할 수 있는 콜로세움

그러나 농민들이 몰락하게 되자, 토지를 잃은 농민들은 부랑자가 되어 수도 로마에 몰려들었다.

직업도, 돈도 없는 그들은 부호들의 보호하에 들어가 통치자가 베푸는 빵 배급으로 연명하였다.

부호들은 그들에게 '빵과 서커스'를 제공하여 사회 혼란을 막고자 하였다. 그들은 비위생적인 가옥(인슬라)에 끼어 살면서, 콜로세움에서의 경기(맹수와 검투사의 싸움), 전차 경주, 극장 공연 등을 보면서 세월을 허송하였고, 로마인으로서의 건실한 시민 정신을 잃어 갔다.

| | |
|---|---|
| 833 | 일본, 〈영의해〉를 완성함. |
| 836 | 잉글랜드의 에그버트 왕, 데인 족과 서웰스 족을 격파함. |
| | 동칼리프의 알 무타심, 사마라로 천도함. |
| 837 | 당, 〈국자감 석경〉을 완성함. |
| 840 | 당, 문종 죽고 무종 즉위함. |
| | 프랑크, 루트비히 1세 사망하고 세 아들인 |
| | 로타르 1세, 샤를 2세, 루트비히 2세 사이에 |
| | 영토 분쟁이 시작됨. |
| | 위구르, 튀르크계 민족인 키르기스의 공격을 받고 패망함. |
| 842 | 동칼리프, 남이탈리아를 정복함. |
| | 프랑크, 샤를 2세와 루트비히 2세가 형 로타르 1세에 맞서 |
| | 동맹을 맺음. |
| 843 | 프랑크, 베르됭 조약으로 중프랑크(로타르 1세), |
| | 동프랑크(루트비히 2세), 서프랑크(샤를 2세)로 나누어짐. |
| 849 | 사라센, 로마를 포위하였으나 교황 동맹군에게 |
| | 격퇴당함. |
| 850 | 자바, 보로부두르 사원을 건립함. |
| 851 | 데인 족, 캔터베리와 런던을 침공함. |
| 852 | 서칼리프의 무함마드 1세, 코르도바 왕이 됨. |
| 858 | 동로마의 포티우스, 콘스탄티노플 총주교에 올라 로마 교황과 |
| | 대립하기 시작함. |
| 860 | 유럽, 신플라톤주의의 스콜라 철학이 시작됨. |
| | 노르웨이, 아이슬란드를 발견하고 정착함. |
| 861 | 동칼리프, 천문학자 알 파르가니가 나일 강의 수량계를 |
| | 만듦. |
| 867 | 동로마, 바실레이오스 1세가 즉위하여 마케도니아 왕조가 |
| | 시작됨. |
| 870 | 프랑크, 메르센 조약으로 중프랑크 왕국이 동서 프랑크 |
| | 왕국에 분할됨. |
| | 유럽, 이 무렵에 봉건적 토지 소유제(장원제)가 이루어짐. |
| 872 | 노르웨이의 하랄 1세, 자르 족을 격파함. |
| 874 | 페르시아, 동부 지역에 사아민 왕조가 성립됨. |

위구르 귀족의 모습

위구르 문자

중프랑크의 로타르 1세

| 875 | 당, 황소의 난이 일어남.<br>이탈리아, 루트비히 2세가 사망하여 카롤링거<br>왕조가 단절됨. |
|------|------|
| 876 | 동프랑크, 카를 3세가 즉위함. |
| 878 | 잉글랜드의 알프레드 대왕, 에딘튼 싸움에서<br>데인 족의 침입을 막아 냄. |
| 879 | 키예프 공국, 이 무렵에 류리크 족인 올레크가<br>노브고로트에서 남하하여 키예프 지방에<br>나라를 세움. |
| 880 | 당의 황소, 장안에 입성하여 황족을 살해함.<br>크메르(캄보디아), 이 무렵에 크메르 왕국(중국명<br>진랍) 수도에 대도성이라는 뜻의 앙코르 톰<br>유적을 형성함. |
| 881 | 크메르, 앙코르 와트(수도 사원)에 사원을 건립함. |
| 884 | 당, 반란군이 황소를 죽임.<br>동프랑크의 카를 3세, 서프랑크 왕이 되어 옛 제국을 통일함. |
| 885 | 노르만 족, 노르만 족의 지도자 롤로가 파리를 포위했으나<br>파리 백작 오도에게 격퇴당함. |
| 886 | 동로마의 레오 6세, 즉위함. |
| 888 | 동프랑크의 프로방스 해안을 점거함. |
| 889 | 마자르 족, 독일과 이탈리아 지방을 공격하기 시작함. |
| 893 | 불가리아, 시메온 1세 즉위하여 불가리아<br>제1왕국 전성기를 맞음. |
| 900 | 하랄 1세, 노르웨이 왕국을 건국함. |
| 907 | 당의 주전충, 당을 멸하고 황제를 칭하여 후량을 건국함.<br>거란, 야율아보기가 거란을 통일함. |
| 911 | 노르망디 공국, 서프랑크 왕 샤를 3세가 노르만 족의 수<br>장 롤로를 노르망디 공으로 봉함.<br>동프랑크, 카롤링거 왕조가 단절됨. |
| 919 | 동프랑크, 카롤링거 왕조 단절 후 작센공 하인리히 1세가<br>독일 지역 왕에 즉위함(작센 왕조 시작). |
| 920 | 거란, 거란 문자를 제정함. |

앙코르 와트 사원

카롤링거 왕조의 최성기를 이루
었던 카롤루스 대제

출정하는 노르만 족

**이 시대의 세계는**

알프레드 대왕의 보석
9세기까지 잉글랜드에서 가장 강력한 힘을 가진 왕국은 남서부에 위치한 웨섹스였다. 871년, 웨섹스의 국왕이 된 알프레드는 878년의 에딘튼 전투에서 바이킹의 주력군을 격파하고, 다시 886년에는 런던을 점령하여 전 잉글랜드의 국왕이 되었다.

유럽

아시아

아프리카

인도양

오스트레일리아

위구르인들이 믿는 마니교 경전에 나오는 마니교 신관의 모습
위구르는 몽골 고원에서 일어나 뒤에 투르케스탄에 이주한 터키계 민족이다. 744년에 돌궐을 무너뜨리고 유목 국가를 세웠다. 처음에는 돌궐의 지배를 받았으나, 8세기 중엽에는 몽골 고원을 지배하였다. 안녹산의 난 때에는 당을 원조하였다. 동서의 여러 문화를 수용하여 독특한 문화를 발달시켰고, 마니교를 신봉하였다.

**황소( ? ~884년)의 장안 입성도**
중국 당나라의 농민 반란 지도자
이다. 875년 소금 밀매상이었던
황소는 무거운 세금에 시달리던
농민을 모아 반란을 일으켰다.
이 반란은 전 중국을 흔들었고,
수도인 장안도 그에게 점령되었
다. 이에 그는 희종을 내쫓고 스
스로 '황제'라 일컫고, 나라 이름
을 '대제'라 했으나 후에 이극용
에게 패하여 죽었다.

북아메리카

태평양

대서양

남아메리카

**크메르의 불상**

**보로부두르 사원**
자와 중부에 있는 대승 불교의 유적으로, 8세기 후반에서 9세기 초에 걸쳐
사일렌드라 왕조가 건축하였다. 기단의 한 변의 길이가 111.5미터의 정사
각형으로, 그 위에 5중의 직사각형과 3중의 원형 8층 테라스를 올려놓은
돔이 31.5미터인 불탑 유적이다. 동남아시아에서는 앙코르 와트 사원과
그 규모와 아름다움에서 쌍벽을 이루는 불교 유적으로, 19세기 후반에 발
굴되어 복원되었다.

# 〈세계사 이야기〉 관련 홈페이지

골말의 역사 교실 http://history.new21.net

공자를 찾아서 http://nagizibe.com.ne.kr

김제훈의 역사가 좋아요 www.historylove.com

대영 박물관 www.thebritishmuseum.ac.uk

독일 정보 www.nobelmann.com

러시아 우주 과학회 www.rssi.ru

루브르 박물관 www.louvre.fr

링컨(백악관) www.whitehouse.gov/history/presidents/al16.html

메트로폴리탄 미술관  www.metmuseum.org

버지니아 대학 도서관 http://etext.virginia.edu/jefferson

사이버 스쿨버스 www.cyberschoolbus.un.org

서양 미술 사학회 www.awah.or.kr

소창 박물관 www. sochang.net

영국의 왕실 공식 사이트  www.royal.gov.uk

유엔(UN) www.un.org

이슬람 소개 www.islamkorea.com

인도의 독립 운동가 간디를 소개하는 사이트 http://mkgandhi.org

정재천의 함께하는 사회 교실 http://yuksa.new21.org

제1차 세계 대전의 원인, 주요 전투, 관련 인물, 연대표 수록

http://firstworldwar.com

주한 독일 문화원 www.gothe.de/seoul

주한 중국 문화원 www.cccseoul.org

주한 프랑스 문화원 www.france.co.kr

중국의 어제와 오늘 www.chinabang.co.kr

차석찬의 역사 창고 http://mtcha.com.ne.kr

한국 서양사 학회 http://www.westernhistory.or.kr

한국 셰익스피어 학회 www.sakorea.or.kr

한국 프랑스 사학회 http://frenchhistory.co.kr